Dublin

lieben lernen

Der perfekte Reiseführer für einen unvergesslichen Aufenthalt in Dublin inkl. Insider-Tipps, Tipps zum Geldsparen und Packliste

Katharina Larsson

Alle Ratschläge in diesem Buch wurden vom Autor sorgfältig erwogen und geprüft. Eine Garantie kann dennoch nicht übernommen werden. Eine Haftung des Autors für jegliche Personen-, Sach- und Vermögensschäden ist daher ausgeschlossen.

Dublin lieben lernen
Copyright © 2019 Katharina Larrson

Auflage 2019

✈ INHALT

Das erwartet Sie

"**D**ublin - surprising by nature" - lautet das Tourismusmotto der märchenhaften Hauptstadt Irlands. Tatsächlich findet man nirgendwo sonst auf der Welt so eine traumähnliche Ecke, in der unberührte Natur und viktorianischer Charme zu einer kleinen Teilinsel, wie damals im Jahr 841 von den Wikingern gegründet, zusammenschmelzen. Wer sich auf der Suche nach einem tollen Urlaub voller Abenteuer befindet, ist in Dublin genau richtig. Was zeichnet die Stadt von größeren und gar beliebteren Urlaubsorten wie etwa New York, Tokio oder Istanbul aus? Wenn vom Fernweh auf Reisen getrieben, lohnt sich auf alle Fälle der Besuch der irischen Hauptstadt. Da erwarten Sie die freundlichsten Einheimischen, die gemütlichsten Irish Pubs und ohne Zweifel viel, viel Zauber. Warum Sie sich in den nächsten Sommerferien für Dublin als das ultimative Reiseziel in den heißen Monaten entscheiden sollten, wie man den Auslandsaufenthalt von A bis Z plant, was auf Ihre Irland-Bucket-List unbedingt gehören sollte und wie sie aus der kurzen Wonnezeit eine lebenslange Erinnerung machen - das erwartet Sie alles auf den folgenden Seiten dieses Büchleins. So lebt Dublin - mit diesem etwas anderen Ratgeber lernen Sie eine der schönsten Städte Europas kennen, bevor Sie ihren Reiz selbst zu erleben bekommen. Mitgeliefert werden außerdem nützliche und ausprobierte Insider-Tipps, die Ihnen die Gelegenheit bieten, auch mal im Urlaub den Geldbeutel zu schonen. Ob Sie das schon glauben oder nicht - sobald Sie sich auf das Abenteuer namens Dublin einlassen, werden Sie immer wieder zurückkommen. Lassen Sie sich selbst überzeugen! Denn Dublin hat nämlich etwas mehr als eine jede Stadt zu bieten.

Ein einzigartiges Abenteuer

DUBLIN IST EINEN BESUCH WERT

"The Home of Guinness"

Bekanntlich gilt Dublin als die Heimat von Guinness, einem der beliebtesten Import-Biere der Deutschen. Jahrelang hat der Hersteller des irischen Originals erfolgreich unter dem Motto "Guinness is good for you" für den weltweiten Verkaufsschlager geworben. Diese Aussage liegt tatsächlich nicht so weit weg von der Wahrheit. Eine Studie der University of Wisconsin konnte beweisen, dass der regelmäßige Konsum von Guinness Bier das Herzinfarkt-Risiko vermindern könnte, da Guinness das einzige Bier ist, das Antioxidationsmittel beinhaltet. Das bedeutet, dass Guinness genauso gut für die Gesundheit wie das abendliche Glas Rotwein sein kann. Fun Fact: In einem "Pint" steckt neben dem gaumenkitzelnden Geschmack noch Präbiotika, die für die sogenannten guten Bakterien in der Verdauungsflora sorgen. Immer noch nicht von der erlesenen Qualität von Guinness überzeugt? Eine weitere Studie, die von der University of California veröffentlicht wurde, hat nachgewiesen, dass das Getränk die größte Menge an Folsäure von allen ins Experiment einbezogenen Import-Bieren aufgewiesen hat. Ein Bier, das nicht nur herrlich schmeckt, sondern auch noch darüber hinaus wohltuend auf die allgemeine Gesundheit wirkt? Klingt wohl nach Dublin.

Überall und in jeder Ecke wird da das irische Meisterwerk angeboten, doch wo kann man es in bester Atmosphäre genießen? Von Lokal zu Lokal unterscheidet sich das Bier in seiner Qualität nur unwesentlich, oft nur von äußeren Faktoren beeinflusst. Jedenfalls kann man sichergehen, dass das örtliche Bier authentischer schmeckt als das Angebot in sämtlichen Irish Pubs bundesweit. When in Dublin, do as the irish do. Und was machen die Iren so? Eine beliebte Aktivität von vielen Locals besteht darin, sich abends in Pubs zu versammeln, mit einem Pint Guinness auf ihrer Seite und von dem melodischen Klang der good ol' irischen Volkslieder umgeben. Die heitere Musik nimmt Sie mit im Geiste von der altbekannten Gastfreundlichkeit der Dubliner auf eine Reise durch die verwunschenen Berge und Burgen Irlands und ehe die Band "Country Roads" zu Ende gespielt hat, werden Sie sich schon in der Rolle eines waschechten, eingeborenen Iren eingelebt haben. Das Zusammengehörigkeitsgefühl hat seinen Höhepunkt nun erreicht, alle heben die Gläser und prosten sich enthusiastisch zu. Dann folgt eine Runde Applaus für die Band, die (wie immer) auch diesen Abend ihre beste Leistung erbracht hat. Und danach fängt alles von vorne an. Die ständige Hochstimmung der Iren ist ja ansteckend, das wissen Sie doch. Das weiß nämlich ein jeder.

Wenn man an Dublin und Irland im Allgemeinen denkt, taucht einem ganz gewiss der Name Guinness im Kopf auf. Bekannterweise trägt nicht nur das köstliche Wikingergetränk diesen Namen, sondern auch... ja, richtig geraten - das Guinness Buch der Rekorde. Doch was haben die beiden irischen Phänomene gemeinsam? Es folgt nun Fun Fact Nummer zwei: 1955 war der damalige Geschäftsführer von der Guinness

Brauerei - Hugh Beaver, der entgegen der landläufigen Meinung in der Tat kein Ire, sondern eingeborener Südafrikaner war, in einen Streit verwickelt. Er wurde zu einer "Shooting Party" eingeladen (zur damaligen Zeit üblich zwischen Freunden) und dort hat er sich mit seinen Gleichgesinnten bezüglich der Frage, ob der Goldregenpfeifer (der Vogel, nach dem sie jagten) das schnellste Federwild in Europa und überhaupt weltweit war, auseinandergesetzt. Da er und seine Hosts den Wahrheitsgehalt dieser Behauptung in keinem Nachschlagewerk überprüfen konnten, hat sich Beaver dazu entschlossen, eins zu erstellen. Darauffolgend hat er den Buchumschlag mit dem Guinness-Stempel versehen. Und so wurde Geschichte geschrieben. Später hat Beaver selber mehrmals das Guinness-Buch eigeninitiativ Besitzern von Pubs ausgehändigt, damit Kneipengänger, die nach dem ersten Pint (oft unumgänglich) entstandenen Streitigkeiten unter sich schlichten konnten. Das Nachschlagewerk hat sich dann mithilfe von den Zwillingsbrüdern Norris und Ross McWhirter, die für die Feststellung von Tatsachen zuständig waren, zu einem weltbekannten Sachbuch entwickelt, das für das wachsende Ansehen von Guinness als eingetragene Marke sorgte.

Was haben dann also Bier und das Guinness-Buch der Rekorde mit Deutschland zu tun? Es ist kein Geheimnis, dass die Deutschen auf eine gute Maß Bier stehen. So steht im Guinness-Buch zum Beispiel geschrieben, dass seit 2011 kein größeres Bierfest als das Münchner Oktoberfest auf der Welt stattgefunden hat. Noch merkwürdiger ist, dass der längste (nicht aber mit dem größten zu verwechseln!) Biergarten der Welt - aufgepasst - 2011 auf dem Gelände des Internationalen Berliner Bierfestivals zu finden war. Was für ein bemerkenswertes Jahr für die deutschen Bierliebhaber!

Und da gerade von Deutschland die Rede ist, muss man zugestehen, dass Deutsche in Lederhosen und Trachtenhüten (selbst solche nichtbayerischer Herkunft) kein seltener Anblick auf den Hauptstraßen Dublins sind. Mit etwas Glück sieht man sie schon am Flughafen, wo sie ungeduldig auf den Flug nach Dublin warten. Und wenn das Flugzeug dann später in Dublin gelandet ist, beginnt endlich das lang ersehnte Pubcrawl. How to spot a German in Dublin 101: Stellen Sie sich vor, Sie sitzen gemütlich an der Bar in einem Irish Pub und dann kommt in Ihrer unmittelbaren Nähe Folgendes zu Gehör: "Wann Bier, please". Oder vielleicht ein "Komm ma, Michi, wir geh ma saufa" direkt vor Temple Bar, einem der beliebtesten Spots der deutschen Touristen in Dublin. Oder doch der Klassiker - das schwarze T-Shirt mit der deutschen Flagge und der weißen Aufschrift "Deutschland", seltener auch noch mit dem Adler in der Mitte darauf. Schön zu wissen, dass die Deutschen auch im Ausland ihren Nationalstolz nicht verstecken.

Alles andere als (nur) Kobolde

Jedes Jahr locken die Straßen am 17. März hunderttausende von Iren nach draußen, die den St. Patrick's Day feiern. Zwischendurch sind in der Unmenge von Menschen auf den Festivals auch Touristen zu sehen, die zwar wenig mit den Sitten und Gebräuchen der Iren vertraut sind, aber trotzdem mitmachen und den ganzen Spaß nicht verpassen wollen. An diesem Tag verehren die Iren ihren Schutzheiligen, Sankt Patrick, der tatsächlich als Person der Weltgeschichte existiert hat.

Sein größtes Verdienst für Irland besteht darin, dass er den Iren dazu verholfen hat, zum Christentum zu konvertieren. Eine Legende besagt sogar, dass er zu diesem Zweck ein Kleeblatt (auch als "Shamrock" bekannt), eines der berühmtesten Wahrzeichen Irlands, verwendet hat, um dem irischen Volk die Drei-einigkeit Gottes zu erklären. Interessant übrigens: die Tradition der festlichen Paraden am St. Paddy's Day findet ihre Wurzeln in den Festlichkeiten der irischen Zuwanderer in Amerika aus dem 18. Jahrhundert. Erst ab dem 20. Jahrhundert begann sich diese Tradition über die Grenzen der USA hinaus auszudehnen und schließlich wurde der St. Patrick's Day im Jahr 1903 als gesetzlicher Feiertag festgelegt. Denkt man an den St. Patrick's Day, so denkt man natürlich zunächst an die Farbe grün, die an diesem Tag in der Unmenge von feierlich gekleideten Menschen überall vorherrscht. Doch das war nicht immer so. Wussten Sie schon, dass die ursprüngliche festliche Farbe von St. Paddy's Day eigentlich Blau war? Das wissen ja die wenigsten - Blau war nämlich die Hintergrundfarbe von alten irischen Flaggen. Grün hat sich erst seit der Irischen Rebellion gegen die englische Herrschaft im Jahr 1798 als Landesfarbe etabliert und wurde seitdem zur traditionellen Farbe am St. Patrick's Day.

Ein altes Sprichwort besagt: "On St. Patrick's Day, everybody's Irish". Wenn Sie also Spaß dabei haben, mit vielen Menschen zusammen zu feiern, dann ist der 17. März der perfekte Zeitpunkt dafür, die Koffer für ein spontanes Irland-Abenteuer einzupacken und sich auf die einmalige fröhliche Feststimmung des größten irischen Fests einzulassen. Die Aussage "No one throws a bigger party than the Irish" wird nun jedes Jahr immer wieder aufs Neue als richtig bestätigt - St. Patrick's Festival Parade ist schließlich eine der bestbesuchten Festparaden weltweit. Es ist ja kein Zufall, dass der Chicago River einmal jährlich knallgrün eingefärbt wird. Und da der irische Humor nur selten Grenzen kennt, gibt es an dieser Stelle noch eine kurze Geschichte zu erzählen.

In der vielfältigen Folklore der Iren wird von allerlei seltsamen und manchmal sogar gruseligen Geschöpfen von Banshee über Fear Gorta bis hin zum Abhartach erzählt, doch die berühmtesten von allen Folklorefiguren sind zweifellos die Kobolde. Noch ein weiterer Grund, warum alle Iren am St. Patrick's Day grün tragen: die Farbe macht sie unsichtbar für die bösen Kobolde, die jeden zwicken wollen! Deshalb ist vor allem am 17. März für alle Touristen Vorsicht geboten. Wenn Sie aber geneigt wären, sich von einem Kobold zwicken zu lassen, könnten Sie davon groß profitieren.

Um einen Kobold zu fangen, brauchen Sie nichts mehr als ein wenig Honig, eine goldene Münze oder eine irische Harfe (da die meisten Koboldarten gute Musik genießen). Falls es Ihnen gelingt, einen Kobold zu ködern und darauffolgend zu fangen, müssen Sie besonders achtsam sein. Der Kobold wird Ihnen drei Wünsche im Tausch gegen seine Freiheit gewähren. Wenngleich harmlos, sind diese Lebewesen ziemlich hinterlistig. Dann gilt der Kniff: Schauen Sie dem Kobold geradewegs in die Augen! Laut des Feengesetzes (da Kobolde der irischen Folklore zufolge der Feenart angehören) darf er nur schummeln, wenn sein Gegenüber von seinen Augen wegschaut. Bleiben Sie auf der Hut, sind somit die Chancen hoch, dass sich alle Ihre Träume vor Ihren Augen verwirklichen. In dem Sinne ist Dublin zu dieser Jahreszeit wirklich "the place to be".

Lustiger geht es nicht

Haben Sie schon von The Little Museum of Dublin gehört? Wie auch immer Ihre Antwort lautet: Geschichte gehört bei jedem Urlaub ohne Frage auf das Programm. Bekannterweise lässt sich Geschichte am besten mit einer Prise Humor verinnerlichen. Und wie Sie bereits wissen, besitzen die Iren sogar ein bisschen zu viel davon. Und wenn sich das ganze Geschichtsding irgendwie langweilig anhört, dann haben die von dem Little Museum ein etwas spezielles Angebot für alle U2-Fans da draußen. U2:Made in Dublin lautet so originell der Name des kleinen (no pun intended) Bereichs der ganzheitlichen Ausstellung, der der erfolgreichsten irischen Band aller Zeiten gewidmet wurde.

Interessant ist außerdem, dass die Teilausstellung ausschließlich von Fans der Band zusammengestellt wurde. Und gerade als man meint, lebensgroße Figuren könne man nur noch im Madame Tussauds Wachsfigurenkabinett sehen, täuscht sich einer gewaltig. Mittendrin im U2-Themenzimmer befindet sich die riesige Figur von Bono, wie damals im Jahr 1993 auf der Zoo TV Tour als Mr. MacPhisto verkleidet. Falls Ihnen der Name bekannt vorkommt: er weist nämlich auf die Benennung "Mephistopheles" hin - die Bezeichnung für den berühmt-berüchtigten Teufel aus der Tragödie "Faust" vom deutschen Klassiker Goethe. Die Dubs kennen sich wohl überdurchschnittlich gut mit der deutschen Kultur aus, oder? Disclaimer: Das Kleine Museum Dublins hat weitaus mehr zu bieten als nur eine großartige U2-Ausstellung. Für manche folgt jetzt vielleicht der geschichtsträchtige Teil. Es ist aber bemerkenswert,

dass die größte Zahl von den im Museum vorhande-
nen einzigartigen Artefakten von den Bürgern Dublins selbst stammt. Wer aber besonderes Interesse an
der ausführlicheren Geschichte Irlands besitzt, wäre
eher an das National Museum of Ireland weiterzulei-
ten. Der Grund dafür liegt darin, dass sich das Kleine
Museum Dublins nur noch auf die Dubliner Geschichte des zwanzigsten Jahrhundert spezialisiert und auf
einen unterhaltsamen Mehrwert setzt. Dort kann man
alles Mögliche zu Gesicht bekommen - von Auszügen
vom Anglo-Irischen Vertrag 1921 über Nostalgie er-
weckende und sogar manchmal seltsam erscheinende
Gegenstände des Alltags bis hin zur Gestalt von Che
Guevara an der Wand.

Die Museumsführer sind, wie alle waschechten
Iren, immer hilfsbereit bei spontan auftauchenden
Fragen und freuen sich extrem über das offensichtli-
che Interesse der Museumsgäste. Nächstes Mal, wenn
Sie vorhaben, dem Kleinen Museum Dublins einen
kurzen Besuch abzustatten, denken Sie sich im Voraus ein paar gar einfältige Fragen aus, um sie dann
den netten Leuten zu stellen, nur für den einfachen
Zweck, ihnen ein Lächeln ins Gesicht zu zaubern. Der
folgende Insider-Tipp wird Sie ebenfalls glücklich
machen, denn - was bereitet den Deutschen am meis-

ten Spaß? (Hint: Sparen macht glücklich). Es existiert seit mehreren Jahren die Möglichkeit, in Dublin (und in vielen anderen, vor allem größeren Tourismus-boom-Städten) so viele Sehenswürdigkeiten zu besichtigen wie man möchte, ohne dass man sich jedes Mal eine Eintrittskarte besorgen muss. Man kann sich lediglich im Voraus entweder im Internet oder vor Ort den sogenannten "Dublin Pass" kaufen. Er ist den ganzen Tag über gültig und wird umso günstiger, je länger man in der Stadt unterwegs ist. So kostet ein 5-Tage-Pass für Erwachsene im Vergleich gut 100 Euro, während der Tagespass für 62 Euro auf dieser Basis etwas viel zu teuer erscheint. Der Kauf des „Dublin Passes" rentiert sich jedoch nur dann, wenn man beabsichtigt, so viele Sehenswürdigkeiten wie möglich während des Aufenthalts in Dublin zu besichtigen. Wenn das bei Ihnen der Fall ist, dann verpassen Sie keinesfalls diese großartige Möglichkeit und besorgen Sie sich so früh wie möglich einen „Dublin Pass"!

Vorab planen

WISSEN, WO MAN HINGEHT

Lost in Dublin hört sich nur dann rundweg gut an, wenn es um den Titel einer großen Hollywood-Filmproduktion geht. Jeder typische Tourist kennt das furchteinflößende Gefühl (vor allem wenn man sich in einer Großstadt im Ausland befindet, in der man noch nie war), in der Menge von unbekannten Menschen verloren zu gehen. Wenn Sie einmal in Tokio oder auf dem Times Square unterwegs waren, dann wissen Sie bestimmt wovon die Rede ist. Die gute Nachricht: obwohl in der irischen Hauptstadt Tag und Nacht immer so viel los ist, ist sie vergleichsweise nur ein kleines bisschen größer als Berlin. Die schlechte Nachricht: Berlin ist ja schon riesig. Manchmal geht es aber ab in die Wildnis, um die große Welt zu erkunden. Das Abenteuer lohnt sich dann auf jeden Fall. Hinweis: Mit "Abenteuer" ist der Adrenalinschub gemeint, den man mitsamt der ganzen Explorer-Aufregung bekommt und nicht etwa lähmende Agoraphobie. Deswegen wird dringend empfohlen, sich zunächst eine Old-School-Stadtkarte von Dublin einzuholen. So stehen Sie in den meisten Fällen auf der sicheren Seite, dass Sie tatsächlich wissen, wo Sie hingehen.

Pro-Tipp: einen Stadtplan bekommen Sie bei Anfrage kostenlos am Informationsschalter des Dubliner Flughafens. Es gibt jedoch eine andere Möglichkeit, die von sentimentalem Wert versehen ist und auch noch super auf dem Schreibtisch zu Hause stehend aussieht. Von einem jeden Souvenirladen können Sie sich so eine Stadtkarte kaufen, auf der alle größten Sehenswürdigkeiten und sogar die kleinen Dubliner Gassen übersichtlich dargestellt sind. Die meisten davon enthalten sogar weitere Ortsempfehlungen und kleine nützliche Tipps zum Wohlfühlen im Urlaub.

Die dritte Möglichkeit ist vielleicht die spannendste von allen. Es handelt sich um eine App (Storymap), die nicht nur dafür sorgt, dass Sie den Weg finden, sondern auch dafür, dass Sie in Bewegung unterhalten werden. Während Sie auf die Dubliner Straßen gehen, tauchen verschiedenste kuriose Stories auf, die sich vor vielen Jahren an dem jeweiligen Ort ereignet haben. Es gibt kaum eine bessere Art und Weise, die Stadt und seine wahnsinnigen Geschichten kennenzulernen. Dublin ist halt "surprising by nature" und macht damit seinem Namen alle Ehre. Und trotzdem kann Dublin einem mit seinem verwickelten Verkehrsnetz auf den ersten Blick zu Recht echt chaotisch erscheinen. Zu diesem Zweck haben die Gemeinden der größeren Tourismusstädte solche Apps entwickelt, die es den armen verwirrten Touristen leichter macht, mit dem öffentlichen Verkehr klarzukommen.

So eine App ist zum Beispiel TFI Real Time Ireland, die den Gästen Dublins Informationen über Fahrpläne und Verkehrsverbindungen in Echtzeit liefert. Falls Sie schon einmal die App WienMobil benutzt haben, dann ist Ihnen bestimmt bewusst, wie einfach solche Anwendungen zu bedienen sind. In der Stadt und seiner Umgebung kann man gemütlich mit Bus und Bahn fahren. Für denjenigen, der den Urlaubsbudgetrahmen einhalten und günstiger reisen möchte, ist die Leap Visitor Card genau geeignet. Sie ist ebenfalls am Dubliner Flughafen erhältich und kann auf mehreren Stationen in der Stadt aufgeladen werden.

Wie beim „Dublin Pass" gilt auch hier die Faustregel, dass sich der Kauf nur dann lohnt, wenn Sie sich für längere Zeit in Dublin aufhalten. So kostet eine 7-Tage-Karte zum Beispiel bescheidene 40 Euro, mit der man unbegrenzt und unabhängig von der Betreiberfirma durch die Gegend fahren kann. Wenn Sie diese Tipps beachten, können Sie sicher davon ausgehen, dass ihr Urlaub kaum sorgenfreier verlaufen könnte. Entdecken Sie selbst die Vorteile und besorgen Sie sich eine Leap Visitor Card!

Günstige Flugtickets gefällig?

Bevor Sie Nebensächliches klären und sich auf den Traumurlaub einlassen, müssen Sie ein paar Monate davor nachschauen, wie es mit den Preisen der Flugtickets momentan aussieht. Auf der Suche nach günstigen Flugtickets? Better stop right here. Bei allen anderen Punkten lässt sich sparen, jedoch nicht bei den Flugtickets. Oder besser ausgedrückt - es ist dringend davon abzuraten.

Seit Jahren versuchen Billigfluggesellschaften wie Ryanair und EasyJet, Kunden mit tollen Prämien und unfassbar niedrigen Preisen abzuwerben. Das ist ein Trick, der so alt wie das Universum selbst ist.

Lassen Sie sich nicht täuschen und "schnappen" Sie sich lieber etwas teurere Flugtickets von vertrauenswürdigen Fluggesellschaften. Mit etwas Glück könnten Sie billige Flugtickets nach Dublin sogar von der Lufthansa hinkriegen. In manchen Fällen bekommen Sie auch für Last-Minute-Tickets regelrechte Ermäßigungen. Es ist eben eine Glückssache. Der Erfolg lässt sich allerdings maximieren, wenn Sie gute Sicht auf die Internetseiten mancher Fluggesellschaften behalten. Es ist empfehlenswert, drei Monate vor dem Abflug mit der "Recherchearbeit" zu beginnen. "Vor drei Monaten habe ich doch gar nicht gewusst, dass ich heute in den Urlaub fliegen wollen werde".

Spontanität zu lieben ist ja eine gute Lebenseinstellung und kommt im Allgemeinen als netter Charakterzug rüber, doch kann das Ganze schnell etwas kostspielig ausfallen. Falls der Preis eines Last-Minute-Flugtickets droht, ein Loch ins Portmonee zu reißen, geben Ihnen die sogenannten "connected flights" doch noch einen Hoffnungsschimmer. Obwohl die meisten Flugtickets nach Dublin selten mehr als 115 Euro kosten, kann es durchaus manchmal passieren, dass die Preise von Tag zu Tag schwanken. Wenn das der Fall ist, können Sie sich mal überlegen, ob es nicht mal günstiger für Sie wäre, zwei Flüge zu buchen (zum Beispiel einmal nach London und dann von London nach Dublin).

Dublin ist vor allem deshalb für viele Deutsche ein beliebtes Ziel, da die Tickets für einen Mittelstreckenflug relativ fair gepreist sind. Vor einiger Zeit lagen die 23-Euro-Flugtickets (günstiger als das Bayern-Ticket!) vom Münchner Flughafen nach Dublin, wie von der irischen staatseigenen Fluggesellschaft Ryanair angeboten, voll im Trend. Immer noch sind während der "Happy Hour" überall und bundesweit Rucksacktouristen, die zum ersten Mal entweder nach Dublin oder nach London fliegen, an den Flughäfen zu sehen.

Economy Class ist an sich nichts Schlechtes (außer Sie sind anspruchsvoller Geschäftsmann, der darauf beharrt, in der Business Class zu sitzen), aber come on, für Ihr Geld sollten Sie das Beste bekommen. Denn das findet bestimmt keiner angenehm, wenn einem der Sitz im Flugzeug nur deshalb verweigert wird, weil man sich als Letzter (wenn auch rechtzeitig) eingecheckt hat. Da Billigflieger oft überbucht werden, kann das einem jeden und sogar zu jeder passenden und unpassenden Zeit geschehen. How to ruin someone's vacation in just one step: Stellen Sie sich vor, Sie lümmeln seit vier Stunden im Warteraum beim Gate und warten geduldig auf Ihren Flug. Auf einmal hören Sie Ihren Namen im Lautsprecher ausgerufen und Sie werden aufgefordert, zum Schalter zu kommen. Nein, Sie haben keinen kostenlosen Flug nach Tokio im Losverfahren gewonnen. Vacation instantly ruined. Auch wenn Ihnen Entschädigung in Höhe von fünfhundert Euro zusteht und möglicherweise auch Unterkunft zur Verfügung gestellt wird, kann das Ihre verdorbene Laune nicht wiedergutmachen. Dann ist die Urlaubsstimmung ganz schnell weg. Um das Ganze zu vermeiden, sprechen Sie folgenden Satz nach: "Ich fliege nie (mehr) mit Billigfluggesellschaften!". Und noch etwas - es schadet bestimmt nicht, sich zuerst mal über Ihre Fluggastrechte zu informieren, bevor Sie abfliegen. Denn schließlich haben auch Fluggäste Rechte, obwohl sich das nur wenige im "Notfall" zu Nutze machen.

Unterkunft sichern

Nach einem langen Tag voller Abenteuer gibt es nichts Schöneres als eine friedliche Nacht im warmen Bett. Trust me when I say: Sie wollen keine einzige Nacht am Dubliner Flughafen schlafend verbringen müssen. Wie inzwischen schon bekannt geworden ist, tendieren die Iren oft dazu, Ihre Pints leer zu trinken.

Sollten sie nach ein paar Stunden irgendwohin fliegen, werden Sie sie bis weit um Mitternacht am Flughafen trinken sehen. Dann wird es eben viel zu laut. Ganz davon zu schweigen, wie kalt es in Irland am Abend werden kann. Hoffentlich konnte Sie dieses erschreckende Bild dazu animieren, jetzt schon mit der Hotelsuche anzufangen. Damit Ihre Versuche, ein tolles und gleichzeitig nicht allzu teures Hotel für den Urlaub zu finden, nicht fehlschlagen, sollten Sie die Unterkunftssuche zu Ihrer ersten Priorität machen, nachdem Sie Ihre idealen Flugtickets erfolgreich gebucht haben. Generell ist es sinnvoll, im Internet nach Meinungsportalen zu suchen, wo Menschen ihre Eindrücke von Hotels und Ferienwohnungen, die sie früher einmal besucht haben, mitteilen. Da viele Hotelbetreiber die öffentliche Meinung über die von ihnen erbrachten Leistungen manipulieren und sich und ihre Einrichtung besser aussehen lassen wollen, stellen sie oft gefälschte Meinungen auf solche Internetportale.

Sie unterscheiden sich von den authentischen Meinungsportalen dadurch, dass die darin enthaltenen Einträge immer äußerst positiv und enthusiastisch erscheinen und frei jeglicher Einwände sind. Als ein etabliertes Portal hingegen wird etwa TripAdvisor allgemein anerkannt. Dort informieren sich seit Jahren Touristen, die vorhaben, ein unbekanntes Land zu besuchen, nicht nur über die besten Unterkunftsmöglichkeiten, sondern auch über die weniger bekannten, aber genauso besuchenswerten Sehenswürdigkeiten des jeweiligen Landes, die von den Usern herzlich empfohlen wurden.

Was wünscht man sich also von einem Hotel, in dem man die ganzen Ferien gerne verbringen möchte? An erster Stelle ist natürlich wichtig, dass die Anlage sowohl von außen als auch von innen gepflegt und sauber ausschaut. Wenn das der Fall ist, ist das eine Garantie für die hochwertige Arbeit, die die Reinigungskräfte jeden Tag an ihrem Arbeitsplatz leisten. Wer freut sich denn bitte nicht, wenn man am Ende des Tages erschöpft zurück ins Hotelzimmer kommt und es von der netten Putzfrau makellos geputzt, die Bettwäsche gewechselt wurde und auf dem Bett zwei Tücher in der Schwanform darauf stehen? Und trotzdem ist Vorsicht geboten, wenn Sie sich im Internet Bilder von Hotelzimmern anschauen. Achten Sie dabei immer auf die genaue Datumsangabe der hochgeladenen Fotos und inspizieren Sie die Art und

Weise, auf die der Schnappschuss gemacht wurde - wenn das Bild beispielsweise nur die Hälfte vom Zimmer erfasst oder Ihnen die Beleuchtung auf dem Foto irgendwie viel zu hell vorkommt. Denn es ist nicht ausgeschlossen, dass die Bilder vorher bearbeitet wurden und in Wirklichkeit gar nicht so herrlich aussehen.

Weiterhin ist es natürlich erfreulich und wünschenswert, wenn das Hotelrestaurant köstliche irische Küche anzubieten und auf die spezifischen Wünsche, Kaprizen und Anforderungen der Kunden einzugehen vermag. Letztlich lässt sich von Unterkunft viel Geld sparen, da Dublin so viel zu bieten hat, sodass Sie nur noch ein gemütliches Zimmer und leckeres Essen von einem Hotel verlangen sollten. Wieso Ihr Geld für ein Fünf-Sterne-Hotel mit einer Poolbar, einem Abendunterhaltungsprogramm und einer hoteleigenen Live-Band vergeuden, wenn Sie das Ganze mehrfach in der Stadt genießen können, wann immer Sie wollen? Dann doch lieber bei den Basics bleiben. Ein Lieblingshotel von vielen deutschen und internationalen Touristen ist übrigens das Dublin Skylon Hotel, das seit Jahren Urlaubsqualität zu unschlagbaren Preisen bereitstellt. Es handelt sich zudem um ein Vier-Sterne-Hotel, das am Markt fest etabliert ist, seine Gäste auch in Zukunft wieder "begrüßen darf" und insgesamt viel für Ihr Geld bieten kann. Give it a shot and you shall not be disappointed.

EINPACKEN UND LOS GEHT'S

Was brauche ich denn genau für den Urlaub?

Nehmen wir an, es gab kürzlich bei Samsonite einen riesigen Rabatt und Sie haben sich einen tollen Koffer gekauft. Jetzt stehen Sie vor dem leeren Koffer und fragen sich, was Sie unbedingt mit in den Urlaub nehmen müssen und von welchen alltäglichen Lieblingsartikeln Sie sich für diese kurze Zeit nicht trennen können oder wollen. Für ein paar Minuten auf dem Bett sitzen bleiben und dann kommen Sie auf den Gedanken, dass es auf keinen Fall schaden würde, das eine oder andere Kleidungsstück einzupacken. Erst mal die kurzen Hosen und die T-Shirts aus dem Kleiderschrank nehmen. Dann tauchen auf einmal schöne Erinnerungen aus der Schulzeit in Ihrem Kopf auf und Sie können sich bis zum heutigen Tag ganz genau erinnern, wie Frau Müller damals im Erdkundeunterricht gesagt hat, dass es in England das ganze Jahr hindurch kalt ist und es da immer regnet. Und wenn man einmal darüber nachdenkt, sind England und Irland gar nicht so weit voneinander entfernt. Ein Blick auf den Wetterbericht für die nächste Woche lohnt sich im Zweifel. Zu Zwecken der vollständigen Offenlegung: Frau Müller hat das nur als Scherz gemacht, die Sonne scheint auch ab und zu über dem irischen Land. Also dürfen ein paar kurze Hosen und T-Shirts in den Koffer. Aber dann eben auch einige warme Pullis und lange Jeans. Gegebenenfalls passen Stiefel und ein Regenschirm mit rein.

An dieser Stelle folgt die lange Liste von unnötigen Dingen, die nicht nur den Koffer, sondern auch Sie selbst erleichtern. Denn - weniger kann manchmal wirklich mehr sein. Der All-Time-Klassiker: der zwei Kilo schwere Laptop, weil die Arbeit ja manchmal keine Woche warten kann. Selbst wenn Sie den einen oder anderen Report gar in der Urlaubszeit schreiben müssen, nehmen Sie lieber Ihr Tablet mit, das nicht nur viel leichter ist, sondern auch weniger Platz im Koffer als der Laptop einnimmt. Denken Sie nun daran, wie viele Klamotten mehr in den Koffer passen würden, wenn Sie auf den Laptop verzichten würden. Sieben verschiedene Outfits für die ganze Woche hören sich jedenfalls vernünftiger an als Ihr ganzes Arbeitsbüro mit in den Urlaub zu schleppen.

Danach folgt der absolute Horror für einen jeden Kontrolleur am Flughafen: die XXL-Shampooflaschen, die Duschgels, die Rasiercremes, die Zahnpastatuben ... the list goes on and on. Erstens besteht eine gute achtzigprozentige Chance, dass die ganzen Flüssigkeiten aus ihren Behältern auslaufen und nichts anderes als eine klebrige Schweinerei im Koffer hinterlassen. Stellen Sie sich vor, Sie haben kaum noch Geduld, im Hotel anzukommen, Ihre Sachen auszupacken, sich die Zähne zu putzen und endlich ins Bett zu fallen. Außer Sie öffnen am Abend Ihren Koffer und da wartet eine nicht so angenehme Überraschung auf Sie. Jedes Hotel in Dublin kann (und wird) Ihnen ein Hygieneset bereitstellen, in dem die wichtigsten Hygieneprodukte enthalten sind. Also ersparen Sie sich lieber alles Unnötige. And last but not least: Medikamente.

Es ist doch klar, dass einem jegliche Gedanken durch den Kopf schießen, gleich bevor man in den Urlaub fliegt. "Was wäre, wenn ich mir im Ausland eine schlimme Erkältung zuziehe und mein Hausarzt nicht da ist, um mir zu helfen?". Safety first und schnell ein paar Medikamente einpacken (meist die ersten, die man vor Augen bekommt und die man bislang gar nicht in der Schublade bemerkt hat), einfach so, für alle Fälle. In der Tat ist es nur dann plausibel, Medikamente auf die Reise mitzunehmen, wenn Sie sie dringend brauchen, wie etwa solche, die Sie vom Arzt verschrieben bekommen haben und jeden Tag einnehmen müssen. Falls es sich herausgestellt hat, dass Sie keine Medikamente für die kurze Urlaubszeit brauchen, kann es sein, dass Sie einfach nur unter dem Überbesorgter-Tourist-Syndrom leiden. Das heißt aber natürlich nicht, dass Sie sich ärztlich untersuchen lassen müssen. Es heißt lediglich, Sie müssen einen klaren Kopf bewahren und sich nichts Unsinniges einreden lassen.

Achtung! Diese Gegenstände dürfen nicht ins Flugzeug

Angenommen, Sie fliegen zum ersten Mal. Sie sind drei Stunden vor dem Abflug am Flughafen angekommen. Sie haben letzten Monat das Flugangstseminar erfolgreich abgeschlossen und haben mittlerweile keine Sorgen, was das erstmalige Fliegen angeht. Angenommen, Sie fliegen zum tausendsten Mal. Und immer noch gibt es vielleicht ein paar Sachen, die Sie bisher nicht so gewusst haben. Stay tuned, auch wenn Sie sich schon mit den Flugregeln gut genug auskennen. Es wird nämlich spannend. War

Ihnen etwa die Tatsache bekannt, dass Sie keine regulären Wasserflaschen mit ins Flugzeug bringen dürfen? Bestimmt waren sie damit vertraut, wenn Sie mindestens einmal geflogen sind. Das war nur eine Anfängerfrage, aber Sie können sie sich gerne aufschreiben, falls Sie so etwas zum ersten Mal hören.

Sobald Sie und Ihr Gepäck die Sicherheitskontrolle durchlaufen haben, besteht jedoch die Möglichkeit, sich Wasser vom Sicherheitsbereich zu kaufen. Sie fragen sich bestimmt: "Was ist denn an einer Flasche Wasser so gefährlich? Ist es nicht etwa gefährlicher, dass man mehrere zehntausend Meter oberhalb der Wolken verdursten könnte? Lauter Blödsinn!". Hinter dieser gut durchdachten Sicherheitsmaßnahme steht nur der Wunsch des Flughafenpersonals, Sie und die anderen Fluggäste bestmöglich vor Gefahr zu schützen und nicht etwa, Sie zu foltern. Denn es gibt schließlich für all das einen guten Grund. Und der lautet: Wasserflaschen und andere Flüssigkeitsbehälter werden als potentielle Sprengstoffgefahrträger wahrgenommen.

Diese Verordnung ist 2006 in Kraft getreten, nachdem (zum Glück erfolglose) Versuche unternommen wurden, flüssige Sprengstoffe ins Flugzeug zu schmuggeln. Da die meisten Flüge nach Dublin selten mehr als zweieinhalb Stunden dauern, erlischt die Möglichkeit, während des Fluges an Durst zu sterben. Side note: Aus demselben Grund kann Ihnen am Dubliner Flughafen das Nutella-Glas, das Sie von Dublin für Ihre kleine Nichte als Geschenk gekauft haben, entzogen werden. Manchmal ist das Leben halt unfair. Kommen wir nun zur intermediate level Frage: Dürfen Rasierer im Handgepäck ins Flugzeug?

Die Antwort: Jein. Normalerweise dürfen herkömmliche Rasierer problemlos im Rucksack bleiben. Wenn Sie sich aber aus irgendeinem Grund dazu entschlossen haben, Rasierklingen ins Handgepäck einzupacken, dann ist der Sicherheitsdienst voll ermächtigt, sie Ihnen wegzunehmen, weil sie unter Umständen als gefährliche Waffen benutzt werden können (obwohl Sie sich das wahrscheinlich gar nicht so gedacht haben).

Eine schlechte Nachricht für all diejenigen, die den Ramp Action Skatepark in Dublin während des Urlaubs besuchen wollten: Skateboards und Pennyboards stehen ebenfalls auf der Liste der streng verbotenen Gegenstände im Handgepäck. Sie dürfen nicht an Bord gebracht werden, weil (wer hätte das denn gedacht?) sie in manchen Fällen als Schlagstöcke gebraucht werden könnten. Mit so vielen unbekannten

Menschen aus aller Welt sind Sie am Flughafen nämlich dem Gesetz des Dschungels ausgeliefert und müssen (besonders als Erstflieger) stets auf der Hut bleiben. Viele der Beschränkungen, die oben erwähnt wurden, gelten jedoch nur noch fürs Handgepäck. Kein Grund zur Verzweiflung... falls Sie sich für einen andere Tarif als Economy Light entschieden haben.

Dann sind zusätzliche Gepäckstücke im Preis enthalten und Sie dürften sogar manche verbotenen Gegenstände (viele davon in diesem Teil gar nicht erwähnt) in Ihrem Koffer verstauen und ins Flugzeug mitbringen. Seien Sie außerdem bereit, alles in Ihrem so ordentlich vorbereiteten Rucksack auf Anfrage auszupacken, wenn ein paar Handys, Tablets und Ladekabel drinstecken. Insgesamt unterscheiden sich die Regelungen zur Mitnahme von "gefährlichen" Gegenständen an Bord nur unwesentlich von Land zu Land und von Flughafen zu Flughafen. Trotzdem ist es geboten, dass sich die Fluggäste im Voraus auf der Homepage des jeweiligen Flughafens über nähere Bestimmungen betreffs der Gepäcksregeln informieren. Wer das macht, erspart sich viele unnötige Sorgen. Die Flugzeugcrew wünscht Ihnen nun einen angenehmen Flug und eine entspannte Ankunft in Dublin!

Was muss man sehen?

ST. PATRICK'S CATHEDRAL

Wenn Sie zum ersten Mal auf irischem Boden landen, werden Sie äußerst positiv überrascht werden. Man bekommt zwar nicht in jeder Ecke Kobolde und Regenbögen zu sehen, aber dafür fast überall gepflegte grüne Rasen und Schulmädchen in Schuluniform nach englischem Vorbild, wie vom Hollywood-Blockbusterfilm "Uptown Girls" bekannt. Und da Sie sich vom Klischee des typischen deutschen Touristen gerne abgrenzen wollen, geht es zuerst nicht in Richtung Temple Bar, sondern Sie interessieren sich lieber für die irische Geschichte und Kultur und wollen als Erstes die weltbekannte St. Patrick's Cathedral besuchen. Dabei geht es sicherlich nicht um den gleichnamigen Dom in Manhattan, sondern um die (nicht so) kleine Perle Dublins, die noch bewundernswerter als ihr amerikanischer Zwilling ist. Wenn Sie eines Tages die Chance bekommen, den Dom in Manhattan zu besuchen, werden Sie sich selbst von der Wahrheit dieser Worte überzeugen. Es ist nur wenigen Menschen bekannt, dass St. Patrick's Cathedral (1191) eineinhalb Jahrhunderte älter als Notre Dame (1345) selbst ist. Damit zählt sie zu einem der am besten bewahrten Denkmäler der allgemeinen europäischen Geschichte. Eine Legende besagt, dass es früher auf diesem Ort, wo sich heute die berühmte Kathedrale befindet, einen Brunnen gab, bei dem St. Patrick, der Schutzheilige Irlands, die neu konvertierten Christen getauft hat. Man kann für sich selbst entscheiden, ob man an diese alte Legende glaubt oder nicht. Fakt ist jedoch, dass die Iren ihren Schutzheiligen so viel verehren, dass sie zu seiner Ehre eine der schönsten Kathedralen in ganz Europa erbaut haben.

Wenn Sie die Entscheidung für sich getroffen haben, ausgerechnet Dublin von allen möglichen Orten auf der Erde zu besuchen, muss das bedeuten, dass Sie zumindest ein wenig Interesse an der irischen Kultur besitzen. Was sagt Ihnen zum Beispiel der Name Jonathan Swift? Ja, das stimmt - so lautet der Name eines der größten irischen Schriftsteller, der unter anderem auch das legendäre Abenteuerbuch "Gullivers Reisen" verfasst hat. Als Domdekan hat er im achtzehnten Jahrhundert für das wachsende Aufsehen des Doms gesorgt, was wiederum nicht jedem bewusst ist. Und so ruhen seine sterblichen Überreste bis zum heutigen Tag in St. Patrick's Cathedral. Da wurde er neben seiner lieben Lebensgefährtin Esther Johnson auf eigenen Wunsch beerdigt, der wir merkwürdigerweise ein paar Seiten von "Gullivers Reisen" verdanken. Eine andere neugierige Tatsache ist, dass die Kathedrale in den sechziger Jahren mit Hilfe von den großzügigen Spenden der Guinness Familie umgebaut wurde. Damit hat der Dom heute nicht mehr dasselbe Aussehen wie vor neun Jahrhunderten. Trotzdem wird der Besuch dieses alten Kulturschatzes in seiner vollen heutigen Pracht später garantiert nur noch beeindruckende Erfahrungen in Ihr Gedächtnis rufen.

Was können Sie sonst noch in der ältesten Kathedrale Irlands sehen? Hier wurde zum Beispiel eine der ersten Chorschulen in ganz Irland gegründet, deren gegenwärtige Schüler hier tagtäglich das Singen üben. Die Tür der Versöhnung ist außerdem wahrscheinlich das beliebteste Artefakt von den meisten Touristen, die durch die freundliche Begleitung von den Museumführern zum ersten Mal die Geschichte hinter dem populären irischen Ausdruck "to chance your arm" und den Zusammenhang zwischen der historischen Tür und der geliebten Redewendung erfahren dürfen. Wenn Sie lieber Ihr eigener Museumführer sein wollen, wird Ihnen dazu die Möglichkeit auch gegeben. Viele Touristen verzichten auf geführte Touren, da sie manchmal extra kosten könnten. Über den Appstore Ihres mobilen Geräts können Sie einfach und unkompliziert die Anwendung "GPSmyCity" herunterladen, die Ihnen dabei hilft, alleine alles über die Geschichte des Doms zu lernen, was sie interessiert. Im Vergleich dazu ist die Museumführung natürlich viel persönlicher und eindrucksvoller, doch Sie haben die freie Wahl. Versuchen Sie die beiden Optionen während Ihres Aufenthalts in Dublin für das ultimative Touristenerlebnis! Es gibt nämlich nichts zu verlieren (außer vielleicht die Langeweile des Konventionellen und Bekannten).

EIN (GROßES) STÜCKCHEN ZAUBER

Sind Sie Harry Potter Fan? Dann sind Sie in Dublin genau richtig. Falls Sie die ganze Filmreihe von Harry Potter mehrmals gesehen haben, kennen Sie die unverwechselbare Hogwarts Bibliothek ohne Zweifel. Obwohl alle Szenen von Harry Potter in England gedreht worden sind, verspricht die universitäre Bibliothek von Trinity College Dublin mit ihrer unglaublichen Ähnlichkeit zur Hogwarts Library das Wahrwerden des Kindheitstraumes eines jeden Erwachsenen. Und wenn Sie meinen, Sie hätten als Kind nicht davon geträumt, eines Tages im Hogwarts Schloss auch nur kurz spazieren gehen zu können, dann belügen Sie sich einfach selbst.

Denn auch für Nicht-Fans von Harry Potter wird der Besuch des Long Room zu einer unvergesslichen Erinnerung. Wenn man sich im Internet Fotos von "The Long Room Of The Old Library At Trinity College" anguckt, besteht die Gefahr, dass es sogar eingefleischte Fans im ersten Augenblick mit Hogwarts Library verwechseln. Sie ähneln sich zwar fast eins zu eins und sind nur mit einem "geübten Auge" unterscheidbar. Sind Sie fest entschlossen, dass Sie die alte

Bibliothek der Eliteuniversität unbedingt erleben wollen? Sie haben aber bestimmt keine Lust, den ganzen Tag Schlange zu stehen, um überhaupt reingehen zu dürfen. Da solche Fälle nicht ganz selten vorkommen, wird heiß empfohlen, die Eintrittskarten im Vorhinein auf der Website von Trinity College Dublin zu buchen und frühzeitig vor Ort zu warten, um die langen Schlangen zu vermeiden. Manchmal werden sogar von Studenten der Universität Führungen durch die Bibliothek gewährleistet, wodurch die Tour viel authentischer gestaltet wird.

Im Falle, dass Sie den „Dublin Pass" besitzen, ist der Eintritt leider nicht im Preis eingeschlossen, obwohl The Old Library eine der beliebtesten Sehenswürdigkeiten der Stadt für viele Touristen ist. Um sich ein paar Euro vom Eintrittspreis zu ersparen, könnten Sie sich beispielsweise einer kleinen Touristengruppe anschließen. So knüpfen Sie neue Bekanntschaften und genießen zudem die Bibliotheksführung in angenehmer Gesellschaft.

Die Universitätsbibliothek von Trinity College Dublin gilt bekanntermaßen als das Zuhause von "The Book of Kells", einem der ältesten bis zum heutigen Tag erhaltenen Bücher. Da ist es in ständiger Ausstellung präsentiert, die den Gästen der Stadt

Einblicke in das antike Buch gewähren. Es handelt von einem handschriftlichen Evangelienbuch in lateinischer Sprache, das aus dem neunten Jahrhundert stammt. Die Schrift ist seit Mitte des neunzehnten Jahrhunderts zum festen Bestandteil der Ausstellungsreihe von mittelalterlichen Büchern der Universität geworden. Der Teil der Ausstellung, der den Namen "Turning Darkness into Light" trägt, beinhaltet sogar lustige Gedichte wie etwa das "Pangur Ban", das von der Katze eines irischen Mönchs aus dem neunten Jahrhundert erzählt, die gerne Mäuse gejagt hat. Die Bibliothek ist in der Tat riesengroß und auf zwei Stockwerken verteilt. Um sich alles in Ruhe und im Detail anschauen zu können, bräuchten Sie mindestens zwei Stunden.

Wichtig ist dabei zu beachten, dass es in dem Museum nicht erlaubt ist, Fotos aufzunehmen. Wenn Ihnen die atemberaubende Old Library besonders gut gefallen hat, ergibt sich für Sie die Möglichkeit, dem Klub "Freunde der Bibliothek" beizutreten und dreimal jährlich den Newsletter der Library und die universitätseigene Zeitschrift kostenlos zu erhalten. Ein Pluspunkt für Sie ist noch, dass Sie kostenlosen Eintritt zu der Bibliothek bekommen. Diese und weitere Prämien können Sie sich für den Preis von dreißig

Euro pro Jahr sichern. Am Ende Ihrer Tour können Sie für sich oder für Ihre Harry Potter begeisterten Freunde schöne Geschenke vom Library Shop zur Erinnerung kaufen, darunter auch T-Shirts, Schmuckstücke und handgemachte Geschenkartikel. Wer nach dem Stückchen Zauber in seinem Leben sucht, muss nicht unbedingt nach Paris fliegen und alle Achterbahnen im Disneyland Park fahren. Manchmal genügt es, wenn man auch einmal zu seinen Lebzeiten die entzückende Harry Potter artige Bibliothek des Trinity College besucht hat.

ABER NATÜRLICH... TEMPLE BAR

Nachdem Sie die größten historischen und kulturellen Sehenswürdigkeiten Dublins schon besichtigt haben, dürfen Sie nun zum ersten Mal mit beiden Füßen auf das Gelände von Temple Bar treten (beim Ausgehen ist es mit dem einen Fuß noch in Ordnung). Sie haben sich tagelang mit Kultur und Geschichte gequält und jetzt ist endlich die Zeit für den ersten Schluck Guinness gekommen. Denn schließlich zählt auch Bier als wesentlicher Teil der viktorianischen Kultur. Well done, Sie haben gut bei den Museumführungen aufgepasst. Sie haben sich eben die Maß Bier verdient.

Wenn Sie einmal im Hard Rock Café in Berlin waren, wissen Sie wovon die Rede ist. Fröhlich an der Bar zu sitzen und ein kaltes Getränk zu genießen ist gut, aber es ist viel besser (muss man zugestehen), wenn Live-Musik dabei ist. Weil sich die Stimmung ja nicht von alleine schafft. Falls es Ihnen bisher schwer gefallen ist, den Standort von manchen Touristenlieblingsorten zu finden, können Sie sich diesmal beruhigen. Der genaue Standort ist nicht nur nach Gehör identifizierbar, sondern auch danach, dass sich die Temple Bar buchstäblich auf der Temple Bar Straße befindet. Außerdem lässt sich die große gelbe Aufschrift und die blendend rote Fassade des Gebäudes vom anderen Ende der Stadt noch gut lesen. Insider Tipp Nummer 232: die beste Zeit, zu der Sie der Temple Bar einen kleinen Besuch abstatten könnten, wäre natürlich die Weihnachtszeit. Dann sieht nicht nur die ganze Stadt extrem schön von Schnee bedeckt aus, sondern auch hat zu dieser Jahreszeit die festliche Stimmung in der irischen Hauptstadt ihren Höhepunkt erreicht.

Wenn Sie es nicht beabsichtigen, bald wieder nach Dublin zu kommen, dann müssen Sie unbedingt beim ersten Besuch die bekannten Temple Bar Austern kosten. Dublin und Irland insgesamt sind ja nicht gerade für ihre köstlichen Meeresfrüchte-Spezialitäten berühmt. Wer doch einmal das Seafood in Temple Bar probiert hat, der kommt bestimmt wieder vorbei. Auch wenn man kein besonderer Fan davon ist, kommt man immer wieder in diese Ecke der Welt, aus dem einen oder anderen Grund. Oder haben Sie etwa noch nicht von der epischen Kombi Guinness plus Austern plus Temple Bar gehört?

Macht nichts, weil es in Temple Bar letzten Endes viel mehr zu genießen gibt als nur noch die good ol' Austern und das beliebte Guinness Lebenselixier. Wie zum Beispiel die bunte Vielfalt von Touristen aus aller Welt, die alle nach dem zweiten Pint Bier den Text von "Jolene" schon auswendig können und sich so gut für Back-Vocals-Sänger eignen. Oder vielleicht die etwas andere, historische Seite von dem "alten Dublin", wo sich die Temple Bar auch genau befindet. Sie wird ja nicht umsonst "das Herz Dublins" genannt. Wenn Sie eines schönen Tages vor der einladenden Tür der Bar stehen, werden Sie bemerken, dass sich unweit des Eingangsbereiches eine aus Bronze gegossene Informationstafel befindet. Darauf ist der Name Sir William Temple klar und deutlich zu lesen. Der Mann mit der komischen richtermäßigen Frisur, deren Gestalt Sie vor sich sehen werden, ist kein anderer als der Besitzer des Hauses, das früher an diesem Ort stand und gleichzeitig der stellvertretende Lord Irlands selbst. Und so bekam die Temple Bar an der Schwelle zum siebzehnten ihren Namen.

Bevor wir zum nächsten Kapitel übergehen, lohnt es sich Folgendes an dieser Stelle zu erwähnen: das Bier in Temple Bar kann einem auf den ersten Blick ausgesprochen überteuert vorkommen. Eins ist aber sicher - Guinness bekommen Sie nirgendwo in besserer Qualität angeboten. In annähernd so guter Qualität finden Sie es in jedem möglichen Irish Pub im gesamten Dubliner Stadtgebiet. Zum Zweck der Geldbeutelschonung wurde die App "Publin" mit Hilfe der Stadtverwaltung entwickelt, die es Ihnen erlaubt, mit nur wenigen Fingertipps das billigste Pint Bier in der ganzen Stadt zu finden. Diese Möglichkeit sollte man am besten ausnutzen, wenn das Urlaubsende näher rückt und das Portmonee droht, in den kommenden Tagen immer dünner zu werden, Sie aber um jeden Preis noch ein letztes Mal das echte Ding auskosten wollen, bevor es wieder nach Hause geht. Worauf warten Sie also noch? Ab in die Temple Bar, solange Sie noch Zeit und Geld dafür haben!

Insider-Tipps

I DON'T WANT TO SOUND NEGATIVE, BUT...

Dublin ist eine europäische Großstadt. Und als solche hat sie nicht nur ihre Glanzseite, sondern auch ihre Schattenseite. Darunter zählt etwa die verschmutzte Umwelt in manchen städtischen Ballungsgebieten, die hohe Arbeitslosenquote und der Drogenmissbrauch junger Menschen. Und trotzdem bleibt Dublin vielen Surveys zufolge eine der lebenswertesten Städte auf den ganzen Britischen Inseln.

Bekanntlich gelten die Iren als die gastfreundlichsten und nettesten Menschen, denen man im Leben begegnen könnte. Das stimmt einigermaßen. Nichtsdestotrotz haben sich deutsche Touristen fast überall auf der Welt einen schlechten Ruf erkämpft.

Trifft man in Mallorca auf eine überenthusiastische und leicht angetrunkene Gruppe deutscher Touristen, werden diese automatisch als Säufersippe von niedrigster Stufe angeprangert. Wundern Sie sich also nicht darüber, wenn Sie nächstes Mal jemand im Ausland auf Deutsch sprechen hört und Sie etwas unfreundlich anschaut. Das ist natürlich nicht das angenehmste Gefühl der Welt, doch es muss Ihnen bewusst sein, dass deutsche Touristen nicht überall mit offenen Armen empfangen werden. Und falls sich jemand darüber lustig macht, dass Sie Sandalen mit Socken tragen, fühlen Sie sich dadurch bitte nicht beleidigt. Dabei handelt es sich um Vorurteile, an die viele glauben, welche aber in Wirklichkeit absoluter Schwachsinn sind. Da Dublin ein beliebtes Reiseziel von vielen Deutschen ist, wurden da in der Vergangenheit mehrmals ungünstige Vorfälle von deutschen Touristen (ja, klar unter Alkoholeinfluss) verursacht. Das heißt aber natürlich nicht, dass Sie beim Vorzeigen ihres Ausweises aus dem Club rausgeschmissen werden, bevor Sie gar reingehen konnten. Höchstens wird ein "lässiger" Witz über das dritte deutsche Reich gemacht. Nehmen Sie sich also nichts zu Herzen, denn diese Scherze sind meist freundlich gemeint, auch wenn man diese nur schwer von tatsächlich spöttischen Bemerkungen zu unterscheiden vermag.

Lassen Sie sich außerdem nicht so leicht von Unbekannten auf der Straße ansprechen. Vor allem nicht, wenn Sie ein verdächtiges Aussehen haben oder Sie zum Beispiel darum bitten, ihnen ein paar Euro zu geben. Dublin ist neben allen schönen Sachen auch dafür bekannt, dass seine Hauptboulevards ein Versammlungspunkt für die drogenabhängige Jugend sind. Wenn Sie jemand davon überzeugen will, dass er noch zwei Euro für den Kauf eines Zelts braucht, in dem er heute Nacht schlafen muss, weil er vom Vermieter gnadenlos aus der Wohnung rausgeworfen wurde - dann hinterfragen Sie bitte diese Information nun mal. Viele von diesen Menschen, denen Sie hoffentlich während Ihres Aufenthalts in Dublin nicht begegnen werden, sind tatsächlich obdachlos. Und wenn sie einmal vor der Entscheidung stehen sollten, ob sie sich mit den paar Euros (die Sie an solche zufälligen Leute lieber nicht spenden) einen BigMac oder einen Joint besorgen... dann sollen Sie sicher davon ausgehen, dass sie es lieber haben, ihre "Leidenschaften" mit ihrer kleinen Spende zu nähren.

Ihr Geld sollten Sie vor allem deshalb für sich selbst behalten, da Dublin mit Abstand die teuerste

Stadt in der Eurozone zum Leben ist. Wenn Sie also nächstes Mal in Tesco unterwegs sind, dann staunen Sie bitte über die unglaublich hohen Preisen nicht. So ist es zum Beispiel für die Iren völlig in Ordnung, wenn sie an der Kasse fünf Euro für einen Naked-Smoothie bezahlen müssen. Dafür bekommen die Dubliner aber auch gute Gehälter.

Seien Sie außerdem für die langen Staus schon ab dem ersten Tag bereit. Mit dem Double-Decker-Touristenbus zu fahren vermittelt bestimmt das beste Urlaubsgefühl noch in der ersten Stunde, kurz nachdem Sie am Flughafen gelandet waren. Lohnt sich aber das Ganze, wenn Sie für eine halbe Stunde auf O'Connell Street stecken bleiben müssen, weil es kein Autofahrer im Verkehrswirrwarr wagt, das Auto um einen Meter nach vorn zu bewegen. Abgesehen von all dem ist Dublin eine echt wunderschöne Stadt, in der sich für jeden Geschmack etwas findet.

MINI-TASCHENWÖRTERBUCH

Howya, mate? Sind Sie willig, die Dubliner mit Ihren Profislangkenntnissen zu erstaunen? Dann lesen Sie weiter. Haben Sie zum Beispiel gewusst, dass Irland zwei anerkannte Amtssprachen hat? That's right. In

Irland wird nicht nur auf Englisch, sondern auch noch auf Gälisch gesprochen, was eine bekannte, der keltischen Sprachfamilie angehörige Sprache darstellt. Und trotzdem werden Sie wahrscheinlich nur wenige waschechte Dubliner auf Gälisch sprechen hören, obwohl sie alle in der Schule Gälisch als obligatorisches Schulfach erlernt haben. Vor vielen Jahrhunderten wurde die Muttersprache der Iren landesweit von Jung und Alt gesprochen. Dann sind die Engländer gekommen.

Jeder, der das Risiko eingehen wollte, sich daneben zu benehmen und Gälisch statt Englisch zu sprechen, wurde von den grantigen Gebietern streng bestraft. Trotzdem wurde die Ursprache glücklicherweise bis zum heutigen Tag von den Einheimischen in seiner ursprünglichen Form aufbewahrt.

Man muss schon sagen, dass die Iren ausgesprochen stolz auf ihre Kultur sind, wenn man nun den Fakt beachtet, dass Englisch im Vergleich zu Gälisch nur noch einen zweitrangigen Status im Rahmen des Staates einnimmt (obwohl Englisch als Alltagssprache am häufigsten gebraucht wird). Auch wenn Sie ein paar gängige Ausdrücke auf Gälisch lernen würden, laufen Sie Gefahr, dass Sie kaum einer versteht, wenn Sie es versuchen würden, die Sympathie der Einheimischen mit Ihren nagelneuen Kenntnissen zu gewinnen.

Nett wirkt es aber mit Sicherheit. Let our Irish slang lesson begin now. Stellen Sie sich vor, Sie sitzen gemütlich in Temple Bar. Sie haben außerdem ein Bier zu viel getrunken und müssen dringend auf die Toilette gehen. Was sagen Sie dann zum Barkeeper? "Ja, Herr Barkeeper, ich mag Guinness echt gerne, aber jetzt muss ich wirklich mal auf die Toilette." Außer er ist ein echter Irre und versteht es nur, wenn Sie das Wort "jacks" statt "bathroom" benutzen. You see, in manchen Situationen kann sich das gute Beherrschen der Umgangssprache (wenn nicht Ihr Leben retten) auszahlen. Und wenn Sie später ein bisschen angetrunken vom Pub ausgehen und es nicht mehr wissen, wie Sie zurück zum Hotel kommen? Was machen Sie dann? Natürlich rufen Sie ein Jo Maxi (Taxi) an und kommen dann in Kürze sicher an die richtige Adresse. Im Taxi unterhalten Sie sich in diesem Zustand so gut wie möglich mit dem Fahrer und lassen ihn wissen, wie "knackered" (müde) Sie sich gerade fühlen, nachdem Sie zwei Pints in jeweils einer Stunde erfolgreich ausgetrunken haben. Und da den irischen Slang zu lernen nicht die schwerste Aufgabe der Welt ist, werden Sie sich nach ein paar Tagen fleißigen Übens so fühlen, als ob Sie hier geboren und aufgewachsen wären. Sind Sie jetzt darauf all delira and excira (gespannt)? Kein Ire wäre jedoch beeindruckt, wenn Sie es versuchen würden, dämliche Schimpfwörter auswendig zu lernen und sie bei jeder ungünstigen Gelegenheit rauszuhauen (auch wenn das als Spaß gemeint sein sollte). Nicht wenige junge Deutsche haben damit in der Vergangenheit schlimme Erfahrungen damit gemacht.

Nach dem dritten "Black Stuff" (Guinness) Pint verliert jeder nette Ire die Geduld. Deshalb der folgende Profi Tipp: Streiten Sie nie mit einem Dubliner wegen dem letzten Pint. Insbesondere wenn Guinness im Spiel ist, können Sie sicher sein, dass der Ire als Erster zuschlagen wird. Auf einmal gilt "We are here for a good time, not a long time" nicht mehr, da Sie wegen einem kleinen Scharmützel so gut wie immer verhaftet und sogar im Ausland verurteilt werden könnten. Das wollen wir natürlich nicht. Damit Sie sich nicht als der letzte Eejit (Narr) bloßstellen, wird heiß empfohlen: einerseits jegliche Konflikte mit den Einheimischen zu vermeiden und andererseits offensiven irischen Slang nur noch in engstem Freundeskreis zu benutzen (und vor allem in der Gesellschaft von Mitmenschen, die in der Lage sind, Sarkasmus zu begreifen).

DIE ULTIMATIVEN SPARTIPPS

Es ist der dritte Tag im Urlaub und die Kasse ist schon halbwegs leer. Diese Tatsache kennt jeder typische Tourist. Damit Sie die letzten Ferientage nicht am Flughafen schlafend verbringen, sollten Sie sehr aufmerksam mit Ihrem Geld umgehen. Und das am liebsten nicht erst dann, wenn das Geld knapp wird, sondern schon zu Beginn des Urlaubs. Im Allgemeinen schadet es auch nicht, wenn man bei der Urlaubsplanung seine finanziellen Möglichkeiten als Erstes festlegt und dann das Geld einteilt, das einem täglich zur Verfügung steht. Mit wenig Geld in den Urlaub zu verreisen klappt manchmal auch gut. Im Folgenden werden Tipps angeboten, mit deren Hilfe Sie den Urlaub in vollem Umfang genießen und zudem noch auf Ihr Budget achten können.

Wollen Sie bei der Unterkunft sparen? Dann passt das Hostel-Angebot genau zu Ihnen. Statt ein Luxuszimmer für den ganzen Aufenthalt zu buchen, könnten Sie sich zum Beispiel entweder im Internet oder vor Ort, wenn es die Zeit erlaubt, nach günstigen

Hostels umsehen. Ein Hostel hat nämlich viele Vorteile zu bieten, wenn Sie etwa gewillt wären, auf Ihre Privatsphäre für eine Weile zu verzichten. In vielen Hostels kann es zum Beispiel dazu kommen, dass man mit sieben weiteren Menschen in einem Zimmer (natürlich in getrennten Betten) übernachten muss. Wenn das Sie nicht stört, dann wäre ein Hostel vielleicht die bessere Option für Sie. Ansonsten herrscht in Hostels eine viel freundlichere Atmosphäre als in den gängigen Hotels stadtweit. Da ein Hostel viel kleiner als ein Hotel ist, sind alle Gäste quasi gezwungen, den guten Umgang miteinander aufrechtzuerhalten. Das wird außerdem dadurch unterstützt, dass täglich mehrere Veranstaltungen organisiert werden, die zum Zusammengehörigkeitsgefühl beitragen, wie etwa Dance Nights oder gemeinsame Spiele. In einem Hostel genießen Sie also die gute Gesellschaft von Menschen aus aller Welt und haben auch die Möglichkeit, Mehrwert für weniger Geld zu bekommen.

Eine andere Weise, auf die Sie Ihren Geldbeutel schonen können, wäre, sich auf den Fun For Free in Dublin zu konzentrieren. Dublin ist für seine Naturbelassenheit weit bekannt. In der Stadt sind also nicht nur teure Cafes und Irish Pubs zu sehen, sondern auch noch schöne Landschaften und gepflegte Parks. And if you are feeling extra fancy... dann könnten Sie auch noch The National Gallery besuchen und sich die Meisterwerke der berühmtesten irischen Maler und Bildhauer anschauen. Das Ganze ist für die lieben Gäste Dublins natürlich kostenfrei.

Wie lässt sich aber Geld beim Essen und Trinken sparen? Die folgenden Tricks kennt jeder echte Dubliner. In der Stadt werden Sie überall von Gourmetrestaurants und Irish Pubs mit irischen Köstlichkeiten und unwiderstehlichem "Black Stuff" gelockt. Auch wenn man sich das Ganze leisten kann, bleibt Dublin mit seinem hohen Lebensstandard trotzdem die teuerste Stadt zum Leben (und damit genauso kostspielig für Urlauber). Von Kentucky Fried Chicken kann man sich ja nicht jeden Tag im Urlaub ernähren. Es ist kaum zu glauben, aber Sie werden es mit fortschreitender Zeit selber herausfinden: selbst five star Restaurants gewähren unglaubliche Rabatts für sogenannte "early bird" Kunden. Erscheinen Sie früher als üblich in einem solchen Restaurant zum Abendessen, bekommen Sie sogar ein Drei-Gänge-Menü zu einem bescheidenen Preis. Ja toll, und was macht man dann, wenn man später gleichwohl in die Temple Bar will? Dann bestellen Sie sich ein halbes

Pint statt ein ganzes und sparen Sie gleichzeitig beim Trinken und vom Taxifahren spät in der Nacht, wenn Sie es nicht mehr wissen, wo Sie sich gerade befinden. Entscheiden Sie sich aber für das halbe Pint, kommen Ihnen mit großer Wahrscheinlichkeit mindestens diese zwei Vorteile in den Weg.

DAS BESTE AUS DEM URLAUB MACHEN

Weg mit den Klischees!

Wie würden Sie sich etwa fühlen, wenn ein irischer Tourist in München Sie danach fragen würde, wo sich das "Nazi-Museum" genau befindet? Aus demselben Grund wollen Sie darauf verzichten, den Iren unsinnige Fragen wegen Kobolde und rothaariger Menschen Fragen zu stellen. Noch ganz davon zu schweigen, dass Sie ihnen keine Vorwürfe den (echt komischen) irischen Akzent betreffend machen sollten, womit Sie etwa meinen, dass sie keine "echten Engländer" sind. Weil sie sind es wirklich nicht. Ein Volk, dass Jahrhunderte lang von England regiert und unterdrückt wurde, hört so etwas nicht besonders gerne. Wenn Sie neue Bekanntschaften mit den Einheimischen schließen wollen und sich davon künftige lange

Freundschaften erhoffen, wird dringend davon abgeraten, schon während des ersten Gesprächs die gängigen Klischees über die Iren zu erwähnen. Kein Ire findet es zum Beispiel super, wenn Sie Ihre ehrliche Meinung über die "langweilige" irische Küche unbedingt äußern wollen. Es gibt ja einen Grund dafür, warum sie alle auf ihre good ol' Kartoffeln so stehen.

Die ganze Geschichte geht auf das neunzehnte Jahrhundert zurück. Das historische Ereignis, das unter dem Namen "The Great Famine" in Irland bekannt ist, war die schlimmste Hungersnot in der europäischen Geschichte des neunzehnten Jahrhunderts und hatte in jeder Hinsicht schwerwiegende Folgen für die ganze damalige Bevölkerung. Die Kartoffeln waren nämlich vor und nach "The Great Famine" die wichtigste Nahrungsquelle für die Einheimischen. Wenn Sie sich in Dublin aufhalten, zeigen Sie ein bisschen Respekt vor den Kartoffeln. Deshalb bitte immer (gleichzeitig) nicken und freundlich lächeln, wenn Sie danach gefragt werden, ob Ihnen Colcannon schmeckt (auch wenn das eine der dreistesten Lügen, die Sie je in Ihrem Leben ausgesprochen haben, wäre).

Bestimmt haben Sie auch davon gehört, dass keiner die Iren mit ihren eigenen Waffen schlagen kann.

Mindestens haben die Deutschen und die Iren etwas gemeinsam. Was könnte das sein? Ihre außerordentliche Vorliebe für Alkohol jeglicher Art, natürlich. Ein altbekannter Stereotyp über die Iren lautet, dass Sie keinen einzigen Tag verbringen können, ohne zumindest ein Pint Guinness leer zu saufen und später in eine Prügelei zu geraten. Wie jedes andere Klischee, hat auch dieses hier etwas Wahres an sich. Normalerweise sind die Iren ruhige und angenehme Menschen. Bis Sie anfangen, ihnen absichtlich auf den Keks zu gehen. Dann kann das Ganze ziemlich schnell eskalieren and you can bet your life on it. Sind aber nicht alle Menschen genauso? Eigentlich haben die Iren ein ganz warmes Gemüt.

Mit ihnen lässt sich locker über Gott und die Welt diskutieren. Auch zeigen die meisten von ihnen ihr Interesse an der deutschen Kultur offen und stellen viele Fragen bezüglich des alltäglichen Lebens in Deutschland, entweder weil sie vorhaben, Deutschland zu besuchen oder weil sie ferne Verwandte dorther haben. Die Deutschen und die Iren teilen ähnliche Weltanschauungen, was die Freundschaft zwischen den beiden Nationen nur noch immens erleichtert und sogar unterstützt. Denn schließlich ist es neben anderen Sachen auch Sinn und Zweck eines Urlaubs, neue Menschen kennenzulernen und Freundschaften fürs Leben zu knüpfen. Es könnte eine nette Geste seitens Ihrer neuen Freunde sein, wenn sie gewillt wären, Ihnen die versteckte und entzückende Seite Dublins zu zeigen. Und wenn sie sich dann eines Tages in Deutschland einfinden und sich genauso verwirrt fühlen wie Sie damals in ihrer Heimatstadt, hätten Sie dann die Chance, sich für Ihre berühmte irische Gastfreundschaft zu revanchieren. Freunde sind immer füreinander da, nicht wahr? Schämen Sie sich also nicht und ziehen Sie jetzt los in die Welt der unvergesslichen Freundschaften!

Dublin von einer anderen Seite kennenlernen

Haben Sie es schon satt, jeden Tag im Phoenix Park zu schlendern und jede Nacht in der Temple Bar zu vergeuden? Wenn Sie in so einer großen Stadt wie Dublin irgendwie immer noch tagsüber und nachts dasselbe machen wollen, handelt es sich dabei sicher um Zeitvergeudung. Ja, bestimmt gibt es in Irland bessere Irish Pubs als in Deutschland, aber das ist noch längst kein Grund dafür, mal wieder den ganzen Tag hier zu verbringen, statt Ihre Zeit für sinnvollere Tätigkeiten aufzuwenden. Schließlich haben wir auch zu Hause in Deutschland genug Irish Pubs. Damit Sie sich später mit guten Gefühlen an Ihren damaligen Aufenthalt in Dublin erinnern können, müssen Sie jetzt irgendetwas unternehmen, dass sich für lange Zeit in Ihrem Gedächtnis einprägen wird.

Wie hebt sich Dublin eigentlich von anderen europäischen Großstädten ab? Es weiß ein jeder, dass Dublin als die Stadt von "craic" gilt. Diese Bezeichnung hat nichts mit dem Namen des gleichnamigen Rauschgifts "crack" zu tun und hat es nicht zum Ziel, spöttisch auf die hohe Anzahl der drogenabhängigen Dubliner hinzuweisen. Es geht lediglich um die lustige Natur der Iren und ihr Vermögen, das Beste aus jeder (selbst ernsthaften) Situation zu extrahieren. Wollen Sie das namhafte "craic" the Dublin way erleben? Dann werden Sie mit Sicherheit die einzigartigen Angebote von Hidden Dublin Tours genießen. Vorsicht: Nichts für schwache Herzen!

Können Sie es sich vorstellen, mal mit einem Bus zu fahren, der von Geistern besessen ist und in dem zwei Totengräber sitzen? Oder hört sich eine Fahrt mit Zombies überall um Sie herum inmitten einer Zombieapokalypse etwas besser an? In den letzten Jahren gewinnen solche Touristenattraktionen in Dublin immer mehr an Beliebtheit. Dieses einzigartige Erlebnis sorgt natürlich für eine gesunde Dosis Nervenkitzel, die Sie sich sonst nur schwer im Alltag besorgen können. Die Touren werden von professionellen Schauspielern begleitet, die für Ihr Vergnügen (und Sicherheit) haften. Keine Sorge, denn Sie werden diese gruseligen Touren (höchstwahrscheinlich) auch dann überleben, wenn Sie sich auf einmal im alten viktorianischen Dublin zur Zeit der großen Hungersnot auffinden.

Dasselbe gilt für die Zombieapokalypse. Mit der Unterstützung von neuesten Technologien der virtuellen Realität wird aus einer (nicht so) üblichen Touristenbusfahrt eine unvergessliche Erfahrung fürs Leben. Wenn Sie schon einmal davon geträumt haben, das Murder House aus der Serie "American Horror Story" in Los Angeles zu besuchen, dann lässt sich Ihr Traum zum Teil auch in Irland verwirklichen. Bei der Hidden Dublin Tour werden Sie die bekanntesten Spukorte der Stadt, die den Einwohnern Dublins schon über Jahrhunderte hinweg Furcht erregen, kennenlernen. Und falls Ihnen die übernatürliche Welt nicht so interessant vorkommt, gibt es noch eine von vielen Möglichkeiten, Ihren Urlaubsalltag aufzupeppen.

Wie jede andere Stadt hat auch Dublin seine Secret Spots. Ihre Vorteile äußern sich darin, dass sie im Gegensatz zu den trivialen, von Touristen überlaufenen Sehenswürdigkeiten nur noch wenigen Menschen bekannt sind und sich folglich besser erleben lassen, ganz ohne den nervenden Touristen-Wahnsinn. Kennen Sie den prominenten irischen Gitarrenspieler Rory Gallagher? Ganz in der Nähe von Temple Bar befindet sich die Rory Gallagher Corner, wo Sie eine Replik seiner legendären Gitarre auf der Straße an einer Wand aufgehängt sehen können. Oder, falls Sie auf der Suche nach dem ultimativen Irland-Erlebnis sind, könnten Sie sich zum (buchstäblich) außerordentlich großen National Leprechaun Museum begeben. Wünschen Sie sich, mehr von diesem anderweitigen Dublin zu sehen? Dann können Sie die Einheimischen zu jeder Zeit nach Recommendations fragen und sie wären mehr als froh, Sie auf Ihrem Abenteuer zu begleiten.

Kurze Reise, lange Erinnerung

TO-DO LIST: GESCHENKE FÜR DIE LIEBLINGSMENSCHEN

Ah...schon wieder ist der Urlaub vorbei. Schließlich hat alles Gute sein Ende. Jetzt geht es mal wieder nach Hause. Außer seiner schönen Erinnerungen sollte man natürlich auch noch Geschenke mit in die Heimat zurückbringen. Wer mag denn bitte keine Geschenke? Die Lieblingsmenschen zu beschenken bedeutet, sie an einem Part Ihres Urlaubs teilnehmen zu lassen und eine ganze Reihe von unvergesslichen Erfahrungen mit ihnen teilen zu wollen. Kreativität ist dabei ein unverhandelbares Muss. Denn es würde selbst Ihre kleine Nichte nicht mehr freuen, wenn Sie ihr ein Nutella-Glas aus Dublin mitnehmen würden. Wieso denn? Na ja, weil sie es sich aus jeder Supermarktfiliale auch selber kaufen könnte. Stattdessen würde sie sich bestimmt über ein Fabelbuch freuen, das von den Abenteuern der Kobolde erzählt und das ihr von ihrer Mutter vor dem Einschlafen im Bett vorgelesen werden kann. Die Mutter selbst würde es glücklich machen, wenn Sie Ihr Töpferei oder Keramik aus Dublin mitbringen würden. Ganz Irland (und in diesem Sinne die ganze Region der Britischen Inseln insgesamt) ist nämlich für seine geschickten Töpfer und ihre schönen Kunstwerke aus Keramik bekannt. So ein außergewöhnliches Kunststück passt ideal zu jeder Kücheneinrichtung. In Dublin sind solche Geschäfte in Hülle und Fülle überall auf den Hauptstraßen der Stadt zu finden, wo es Tag und Nacht von Touristen wimmelt.

Im Allgemeinen gilt für Geschenke, sie müssen praktisch sein und einen Zweck erfüllen. Was macht man denn mit einem Plüschschaf, dass man unerwartet von einem Familienmitglied aus Irland geschenkt bekommt? Umso angemessener wäre es, jemandem eine Postkarte mit der typischen ländlichen Landschaft der Dubliner Außenbezirke zu schicken, auf der die Schafe auch noch zu sehen sind, falls man unbedingt darauf besteht. Die Vorteile: Eine Postkarte kostet nicht nur wesentlich weniger als jedes andere Geschenk, sondern sie hat einen sentimentalen Wert für den Besitzer und sieht außerdem nett auf dem Schreibtisch aus. Bonus points, wenn es sich um einen engen Freund handelt und Sie die Karte mit Ihrer eigenen Handschrift beschriftet haben. Denn es kommt schließlich auf die kleinen Dinge im Leben an, die einen richtig glücklich machen, nicht wahr? Und da gerade vor allem traditionelle Geschenke besonders geschätzt werden, können Sie einen Lieblingsmenschen zum Beispiel mit einem irischen Claddagh Ring überraschen. Die Ornamente auf dem Ring stehen für Liebe, Loyalität und Freundschaft. Dieses Geschenk eignet sich sowohl für Frauen als auch für Männer.

Den All-Time-Klassiker der Lieblingsgeschenke aus Irland zu kaufen, wird hingegen nur dann empfohlen, wenn Sie mit einem Koffer ins Flugzeug dürfen. Sonst wird ihn der Sicherheitsdienst am Flughafen stattdessen genießen. Wenn Sie aber einen Koffer an Bord bringen dürfen und Alkohol darin verstauen können (in den meisten Fällen nicht mehr als einen Liter), dann können Sie Ihre Familie oder Freunde mit einer Flasche Tullamore Dew Irish Whiskey äußerst angenehm überraschen.

Last but not least: Strickwaren. In der Regel wird davon abgeraten, Kleidungsstücke zu verschenken, wenn man sich wegen der Größe und des Geschmacks eines Menschen nicht so sicher ist. Es spricht aber nichts dagegen, Ihre lieben Menschen mit warmen Handschuhen, Schals oder Wollmützen im authentischen Aran-Stil zu beschenken. Sie können sichergehen, dass Ihnen diese Geschenke sehr gut gefallen werden, vor allem deshalb, weil Irland für seine hochqualitativen Strickwaren aus Wolle in der ganzen Welt berühmt ist. Unabhängig davon, was Sie für Ihre Lieblingsmenschen aus dem Urlaub mitbringen, Sie werden sich mit hundertprozentiger Sicherheit darüber freuen, dass Sie selbst im Urlaub an Ihre Lieblinge zurück in der Heimat denken.

FOTOS! UND AM LIEBSTEN VIELE DAVON!

Ein Bild sagt mehr als tausend Worte. Und wenn Sie sich Jahre später nicht mehr an die guten alten Zeiten zurückerinnern können, als Sie einen tollen Urlaub in Dublin gemacht haben, dann nützen auch die schönen

Bilder im Gedächtnis nichts mehr. Um sich an das Beste aus dem Urlaub erinnern zu können, müssen Sie zuerst natürlich das Beste aus dem Urlaub machen. Das heißt, Sie brauchen auf alle Fälle ein Foto, wie sie glücklich mit einem Pint Guinness in der Hand an der Bar in dem Irish Pub sitzen, noch eins vor St. Patrick's Cathedral, ein anderes im Kleinen Museum Dublins, das vierte dann im Phoenix Park und so weiter und so fort. Allerletzter Insider-Tipp: Seien Sie bitte immer vorsichtig beim Fotoschießen und achten Sie zu jeder Zeit auf Ihre unmittelbare Umgebung. Man hört seit ein paar Jahren des Öfteren im Fernsehen, dass es jetzt wegen der neuesten Entwicklungen der Mobiltechnologie nicht mehr ausgeschlossen ist, dass sich dramatische (und manchmal tödliche) Touristen-Unfälle in der Nähe von großen Sehenswürdigkeiten ereignen.

Seit 2011 wächst die Liste der "selfie-related" Verletzungen ununterbrochen. Wenn man Irland mit anderen Ländern nach seinem Gefährlichkeitsgrad vergleicht, erscheint es recht sicher in Bezug auf das Touristenwohlbefinden zu sein. Fun fact: Spitzenreiter unter den gefährlichsten Touristenländern ist wenig überraschend Indien, wo tagtäglich tödliche Unfälle in engem Zusammenhang mit der Bedienung von Mobilgeräten passieren. In Irland hingegen gab es das letzte Mal einen solchen Vorfall Anfang des Jahres 2019, der sich jedoch weit weg von Dublin ereignet hat. Ein junger Inder war nämlich von Cliffs of Moher heruntergefallen, als es versucht hat, ein Foto von sich auf dem Felsen zu schießen. Deshalb ist beim Fotografieren höchste Aufmerksamkeit geboten.

Um die schönen Erfahrungen, die Sie jeden Tag im Urlaub machen, auf Dauer festzuhalten, ist es unvermeidlich, das eine oder andere Foto bei jeder schönen Gelegenheit zu machen. Damit ist nicht etwa gemeint, dass Sie jede Speise des Tages abfotografieren und auf Instagram hochladen müssen. Wenn Ihnen das aber Spaß bereitet, warum nicht? Es wird sogar von Ihren Freunden auf Facebook erwartet, dass Sie ihnen die atemberaubenden Landschaften Dublins täglich präsentieren. Spaß beiseite, der Urlaub ist dafür da, damit Sie sich von dem Zwang des Alltags erholen können. Letzten Endes ist halt das Wichtigste, dass Sie Ihre Urlaubszeit in vollen Zügen genießen.

Um die Erinnerungen länger dauern zu lassen, brauchen Sie nicht mehr als Ihre alte Kamera oder Ihr geliebtes Smartphone. Machen Sie außerdem Videos! Im digitalen Zeitalter des einundzwanzigsten Jahrhunderts ergeben sich viele Möglichkeiten für internetsüchtige Touristen (und nicht nur). So ist es seit ein paar Jahren möglich, Live-Fotos zu machen, die eine Mixtur aus einem einfachen Foto und einem Video darstellen. Wer weiß aber, welche Technologien man in Zukunft benutzen wird? Was wäre, wenn man Jahre später nicht mehr auf seine alten Fotos zugreifen kann? Dagegen hilft etwa immer die konventionelle Methode. In Dublin können Sie sogar auf eine Polaroid Tour gehen, bei der Sie durch die Stadt spazieren, bei den bekanntesten Touristenspots vorbeischauen und Instant-Fotos von Ihrem kleinen Abenteuer machen. Worauf warten Sie noch? Die Zeit läuft mit jeder vergangenen Sekunde und man kann sie nicht zurückdrehen. Dafür können Sie aber diesen Moment genießen und sich nach Jahren immer noch daran erinnern. Weil man Dublin nachweislich mit keiner anderen Stadt auf der Welt vergleichen kann. Just like a photograph.

Packliste

Geld & Finanzen

O (evtl.) Auslandswährung
O Bargeld
O Bauchtasche
O Brustbeutel
O Bauchtasche
O EC-Karte
O Kreditkarte
O Notfall-Telefonnummern der Banken
O Portmonee

Hygiene

O Haarbürste / Kamm
O Deo (klein)
O Shampoo
O Kulturtasche
O Sonnencreme
O Taschentücher
O Reise-Zahnbürste und Zahnpasta

O Verhütungsmittel

Kleidung

O Badeklamotten

O Gürtel

O Hosen kurz / lang

O Mütze / Cap / Hut

O Pullover

O Regenjacke

O Schlafanzug

O Socken

O Sonnenbrille

O Sportklamotten / Jogginghose

O T-Shirts

O Unterwäsche

Medikamente

O Blasenpflaster

O Anti-Durchfalltabletten

O Erste-Hilfe-Set

O Fiebertabletten

O Fiebertabletten

O Mückenschutz

O sonstige Medikamente

O Pflaster

O Kopfschmerztabletten

Unterlagen & Papiere

O ADAC Unterlagen

O Adresslisten für Postkarten

O Krankversicherungsnachweis

O Stadtplan

O Führerschein

O Unterlagen für die Unterkunft

O Wasserdichte Hülle für Reiseunterlagen

O Impfausweis

O Mietwagenunterlagen

O Personalausweis

O Reisepass

O Reisetagebuch

O evtl. Studentenausweis

O evtl. Visum

O Zug- / Bahn- / Flugticket

Taschen & Rucksäcke

O Koffer / Trolley / Reisetasche
O Regenhülle für Rucksack
O Rucksack

Schuhe

O Badeschlappen / Hausschuhe
O Schuhe und Wechselschuhe

Sonstiges

O Brille / Kontaktlinsen und Etui
O Buch zum Lesen
O Ohrenstöpsel und Schlafmaske
O Regenschirm
O Reisedecke
O Wasserflasche
O Wörterbuch

Elektronik

O Digitalkamera

O Handy
O Ladekabel
O Kopfhörer
O evtl. Steckdosenadapter
O Power-Bank

Falls du das Taschenbuchformat erworben hast, erhältst du bei uns auch immer kostenlos das entsprechende eBook dazu. Du findest es in deinem Amazon-Konto.

Als Kunde unseres Verlagshauses hast du die Möglichkeit, dich mit unserem Mutterverlag bei Facebook zu verbinden und dir deinen Zugang zu unserem exklusiven Online-Archiv zu sichern. Du hast dort direkten Zugang zu vielen unserer Bücher und kannst dir diese kostenlos als PDF downloaden.

www.bit.ly/inselliebe-verlag

Zusätzlich hast du die Möglichkeit, über unsere Neuerscheinungen informiert zu werden und diese innerhalb der ersten 5 Tage kostenlos als eBook herunterzuladen.

Klicke jetzt auf den Link, um dir kostenlos deinen Lesestoff zu vielen interessanten Themen zu sichern!

Herstellung und Verlag:
BoD – Books on Demand, Norderstedt
ISBN: 9783750420519

© Katharina Larsson 2019
1. Auflage
Kontakt: Psiana eCom UG/ Berumer Str. 44/ 26844 Jemgum
Covergestaltung: Fenna Larsson
Coverfoto: depositphotos.com